MIENTRAS EL VIENTO

MIENTRAS EL VIENTO
adolfo montejo navas

ONDINA
EDICIONES

Colección Verdemar

Foto portada: AMN. Diseño/maquetación: CAN

ONDINA
EDICIONES

© **del texto:** Adolfo Montejo Navas
© **de la edición:** Enter Servicios Informáticos

ISBN: 978-84-127971-3-8
DEPÓSITO LEGAL: M-1604-2024

Impreso en España
Primera edición: enero, 2024

MIENTRAS EL VIENTO

Lo que /no/ está en ninguna parte es el viento (y sopla donde él quiere). Sí. Sobre todo, el viento, siempre en viaje.

Andrés Sánchez Robayna

Vamos chamar o vento.

Dorival Caymmi

I (Diario de viento)

Y el viento apura todo.
Luis Alberto Crespo

I

El día se disfraza de días, para ocupar

el tiempo que falta hasta la noche,

cuando el final de cualquier cosa puede matar.

No, no se parece a nada ni a nadie este reflejo

de luna en los coches apagados, mientras

el viento afuera se mueve, hace llover

las hojas de los árboles como calendarios.

II

———————————————————————— Antes de apagar las luces, leer

———————————————— las sombras, la última imagen mitigada

———————————————— en la retina. Después el vaso de silencio,

———————————— la forma en que todo se recoge en el agua

———————— de la oscuridad. Los grados de los nombres.

————————Luego vienen los ecos guardados en los ojos

———————————————— que sueñan por su cuenta y riesgo.

III

---------------------------- Luz de navaja acuchillada por los ojos.
----------------------------------Siembra de la noche a fuego lento.
-------------------------------------- Desde lo oscuro, no se ve la barba
--que crece y crece para oración
------------------------------ del tiempo, aunque la piel levantada
------------------------------ sea una y duela, y vespertina ofrezca
-------------------------------la sangre para demostrar su cesura.

IV   (a Manuel Hermínio Monteiro, *in memoriam*)

---------------------------------------No es el corazón lo que duele,

-------------------------------------- es su sombra, otro reino de fábula

--- para mendigos. Viridiano pájaro

---------------------------------------que vive de cualquier resto. Sobra

----------------------------de canto. No es el corazón lo que pasa

-------------------------------------- a través de la luz de las cosas, es

----------------------------- al contrario: la nave y las aguas juntas.

V

———————————————— Diario de viento como boca ufana

———————————————————— y salvaje. Paisaje inconsumado

—————————————— por los ecos del espacio, lo que queda

————————————— de este azul continuo de casas rasas

——————— y árboles recortados, por los zapatos-miradas

———————————————— que recorren de nuevo las calles,

————————————— como noticias conocidas pero lejanas.

VI

---------------------------- Ala para la caída de cualquier cosa,
--------------------------- de barro o de luna que mengua todo
---------------------------a su alrededor. Aviso para no utilizar
---------------------------el archivo de imágenes, la receta
---------------------------del cielo, ni su doble fondo. En lugar
--------------------------- del cuerpo, el recuento que hiere
---------------------------los números, entre lo feroz del día.

VII

——————————————————————— El nombre de la vida es fiera

——————————————————————— parafraseando un verso amigo,

——————————————————————— un manual afilado, mordido

——————————————————————— y tan parecido. Donde la vida corre

——————————————————————— como un animal salvaje, sobre

——————————————————————— todo ahora en la despedida,

——————————————————————— cuando lo que hiere muere menos.

VIII

----------------------------------A veces las palabras que busco

----------------------------------germinando en lo oscuro, están

--------------------------------- en otro lugar, más cerca de aquel

----------------------------------libro perdido de Vinyoli, en una

----------------------------------casa que prometía labios por hierros

--------------------------------- o marcas a cambio de fuego,

----------------------------------una figura por encima de todo.

IX

La imagen vuelve, pero el sonido
no. La fotografía está parada
en un lugar que ya no existe,
aunque mira hacia aquí. Por
los colores debe de ser otoño,
pero tampoco es seguro.
Está sonando música en los ojos.

x

—————————————————————————————Los días, las aguas, las hojas,

————————————————— son a través. En este viento de adentro

———————————————que mueve casi todo, está la continuación.

———————————————Lo que yo reservo entonces son palabras

————————————————————en movimiento, notas recortadas

——————————————————con entreveros de calenda. En guardia

————————————————— el resto, los motivos del agua, los pasos.

XI

—————————————————————————Ningún reclamo a salvo

——————————————————————para la soledad que el viento

—————————————————————mueve desnudo. También llueve,

——————————————————pero eso es más por el otro lado

——————————————————de la casa, donde las preguntas

—————————————————antiguas vienen a atizar los cristales

———————————————————————húmedos de memoria.

XII

-- El silencio aumenta los ruidos

-- de la noche, bajo la arboleda

-- del cielo verde. El paisaje

-- parece detenido en los ojos.

--Ninguna pregunta más allá

--de la naturaleza. De nuevo

--los bichos cantan a su dios.

XIII (a Fábio Innecco)

--Las formas del agua quieren ser
---todavía más eternas, mientras
------------------------------- bebemos *de profundis*, al ras del cielo
--- espejado, con arcanas palabras
---------------------------------- de amor y vino en la piscina. Tal vez
--------------------------------------para que nuestra existencia grabe
-----------------------------este doble azul, en honor al destiempo.

XIV

----------------------------------- Unidos a través de la respiración

-------------------------------- de la noche, escuchamos la caída

----------------------------------de las estrellas, rumores viejos

------------------------------ de la otra mitad del cielo. Arrastrados

------------------------------------contra la oscuridad, ardemos.

--------------------------------A favor del alba vertimos los brazos,

--------------------------nuestra medida, todo lo que tenemos.

xv

Cuerpo a través de lo oscuro,
de donde viene la calma, la lenta
distribución del alma hacia
todos los extremos. Hálito también
a través de lo ignoto. Noches-
días, boca abajo. Rosa de nadie.
Otra forma de decir te amo.

XVI

--A cambio de silencio y de piedad,

---------------------------- este bajorrelieve del aire nace manso

----------------------------a un domingo más sereno que el ayer.

----------------------------Algunos rumores fríos de otro tiempo

----------------------------llegan hasta las manos, hacen temblar

--las hojas, pero todo respira así.

----------------------------------Este libro quiere llamarse viento.

XVII

--La naturaleza no deja de rimar,

-----------------------------a cualquier hora, los menores acentos

-----------------------------con todo. Vive pródiga de su propia

--sintonía transparente. Se parte

-----------------------------de la más simple paz hacia el mayor

--movimiento. Como de la raíz

----------------------------- de un canto se celebra un fruto ajeno.

XVIII   (a Gabriel)

---Es en el otro extremo de la risa

---que llego, casi tarde, después

---de olvidar el motivo o la seña,

---o su razón pequeña de 9,

---como una red que se estrecha

---hacia la mía, tan de 47 vestida,

---ambas queriendo ser inocentes.

XIX   (Laranjeiras, Rio, a G.)

--Son pequeños ruidos de sables

-- y lanzas, a veces fogonazos

------------------------------aislados, rendidos ante la inminencia

--------------------------------------de la noche. ¿Juegos contra

------------------------------------ el Fuego, al otro lado de la pared

--------------------------------que la tarde daba por perdidos,

------------------------------en el horizonte del tiempo que arde?

XX   (a Brad Meldhau Trio)

--------------------------------------- A través de las manos, el tiempo

---------------------------------------corre hasta donde estamos. Todo

--------------------------------- converge o es improvisación de algo

-- que quiere ser más, y resbala

---------------------------------------de un gesto a otro. De nuevo,

-------------------------------------- hacen falta entrañas, serenidad

---------------------------------para atravesar el umbral, nota a nota.

XXI (a Blas Rivera)

--Siempre después de la música,

--------------------------------------- otro silencio, la noche del sonido

--más cóncava que las palabras.

--Oh tránsito del tiempo ardido,

--ya dentro o perdido para nunca.

--Reconoce así la piel del aire, como

----------------------------las notas dicen lo que las horas mienten.

XXII   (a Regina Silveira)

Cuando las sombras hablan, la luz
escucha o simplemente se hace negra,
vuelve al origen de los movimientos.
Las interpretaciones comienzan el mundo
de las no palabras. ¿Su doble, el negativo
de la presencia? Las últimas dudas
están lanzadas a un ojo que desciende.

XXIII

--- A veces el equilibrio del día
-- es el mismo de la página, tiende
--------------------------------- a inclinarse sin motivos aparentes.
-- De nada sirve la experiencia
------------------------------ o la misma inercia. El instante se abre
-- a la boca de fauces, caníbal
-- de uno, del blanco del aire.

XXIV   (La Paz, a Arnaldo Caiche d'Oliveira)

---Para el tamaño del aire

--se escucha el filo que más

--corta, a la altura del pecho,

---donde las palabras ya son pasos.

--------------------------------------- Aquí en esta vieja residencia

---en la tierra, hay un silencio

--------------------------------------- adentro, más abajo, respirando.

XXV (La Paz - Cuzco)

------------------------------------Un destino más viejo que el mundo

--atraviesa la pequeña velocidad

--de las cosas que llevamos

--de un lugar a otro. Mientras,

--la mirada de las vacas se extiende

------------------------------------sobre el horizonte que adivinamos.

------------------------El amarillo, el azul, descansan lo que saben.

XXVI

Solamente el silencio nos será dado
a entender. El resto de las cosas,
como pálidas promesas para llegar
a algún lugar, desaparecerán
del mapa, sin sombra de palabras.
Pero el peligro será el mismo, dejarse
llevar el todo por las partes. No tañer.

XXVII   (a Juana, *in memoriam;* a Juanjo A. M.)

-------------------------------------- Hace 24 años que eres de tierra,

-------------------------------------de aire, que limitas con la nada,

------------------------------------- contra tu propia imagen. Aquí,

-------------------------------------como la rosa de los vientos,

------------------------------------- olvidar y recordar van juntos.

-------------------------------------Cuando el paisaje es el velado

-------------------------------y la materia desierto, el cielo se dilata.

XXVIII

Para qué tanto azul así celeste,

sí debajo del aire están los colores

pegados a las cosas, con el empeño

en otra trama y superficie. El espanto breve

de este mar abierto no se rige por nada.

Las nubes, esas olas, para la composición,

saben más de lo que parecen.

XXIX

-- Independientemente del calor

---------------------------------- y de la política, los pájaros cantan

---------------------------------- su moto-continuo. Tenía razón

-- Messiaen, el arte pertenece

-- a la más íntima naturaleza.

-- En honor a lo que no existe

---------------------------------- pero se escucha, las aves cantan.

XXX   (Medina del Campo)

Tampoco es la memoria la que corre

através del río de las cosas,

haciendo huellas sin marcas definidas

pero heraclitianas. En su lugar, por

asalto, un paisaje de espigas crece

con el viento, un movimiento amarillo

de aires teñidos como una piel.

XXXI

--A un tatuaje viejo pertenece

----------------------------------la noche y a un rumor jubiloso

--------------------------------el día. Entre las dos distancias,

------------------------------cedemos parte de nuestro aire

----------------------------más enamorado. El otro territorio

--------------------------- intermedio, vive de llamas huidizas,

----------------------------------linde de palabras fronterizas.

XXXII

--Mapéase lo extraño, los símbolos
---------------------------------------bajo cualquier lado que se mire.
------------------------------------ Y la temperatura secunda el azogue
------------------------------------con luna pálida o sol incandescente.
---Porque no hay porqué anterior,
--sólo pregunta empujando la tinta
------------------------------------ hasta la pared invisible de la página.

XXXIII   (a Carlos Galilea)

--Nada que se parezca con nada.

--Eso, para comenzar el día

------------------------------------sin cartas ni tridente. Porque luego

--vestidos de nada y mientras,

------------------------------escuchamos la marea, la temperatura

--y hay que buscar de nuevo

------------------------------- el compás extraviado de las cosas.

XXXIV

--Sí, entre un gesto y otro

--ultramarinos, se puede escuchar

------------------------------el nombre estirado que llega hasta aquí,

--------------------------------------a las madres-sílabas compuestas/

--descompuestas, en el dorso

--de la distancia, estrellas arriba

--o abajo, por vivir.

XXXV

---------------------------------La felicidad hiere cada vez menos,

----------------------------------tiene más paciencia con el amor

----------------------------o se iguala en fuegos. De hecho,

---------------------------------la llama es invisible pero constante,

----------------------------a medias con una belleza que crece

---------------------------------de noche, sigilosamente, al lado.

---------------------------------Del fruto, las distancias arden.

XXXVI

----------------------------------La luz más oscura contra las cosas

--------------------------- puede ser un sueño sobre los hombros,

-------------------------------- el fin del mundo en una estación

------------------------------------desconocida. En negativo, y a favor,

-------------------- esta suspensión de vocales semidespiertas,

------------------------------como los movimientos que me rozan,

------------------------------la respiración más cerca y profunda.

XXXVII

----------------------------La belleza no se aparta de mi territorio.

--------------------------------------- Crece fuera de ti: nombra, nombra,

-------------------------- nombra. La belleza rueda como un imán

------------------------------- que hace temblar los ojos, los dedos,

--- el anillo de la sonrisa. Alrededor,

--- la realidad aumenta o disminuye,

-- según su temido diapasón.

XXXVIII   (al Conde de Villamediana, *in memoriam*)

---------------------------------- Y temor de caer emboscado, villa-

----------------------------------medianamente, bajo el peso de la peor

---------------------------coartada. En el mismo lado de la realidad

-----------------espera siempre la espada, aquella que separa

-----------------------el aire de la más simple locura. Como viento

------------------------- de piedra. Como pasadizo. Como emerge

------------------------------------ un rastro desconocido de cada día.

XXXIX

Dice lo que no piensa la sombra,

sólo el contorno oscuro de su animal

antiguo, que baja a un cielo negro.

La sombra escucha lo que piensa la luz,

ese vacío ciego de todo lo que existe,

cometa convertido en múltiples partículas:

silencio de abejas dormidas, polvo invisible.

XL (a Sebastião Uchoa Leite, *in memoriam*)

-----------------------------------*De consolatio* son nuestros vestidos,

--cuando la muerte es irreal

---------------------------------------junto a las flores que amarillean

------------------------- a la entrada del sol, por la última ventana,

------------------ esa indeseada que toma el pulso de la gente.

------------------------------- El nombre que se ha ido es inflexible

--------------------------------- y vive siendo ahora nuestro eco.

XLI

--A 35.000 pies de altura,

--la raíz del cielo es invisible,

--------------------------------como la del afecto que pasa continuo

----------------------- a través de la nada suspensa en las nubes.

---------------------------Lo lejos se junta tanto a lo que significa,

----------------------------------que solo lo amado se aproxima.

---------------------------La rosa más cerca del mundo es tuya.

XLII

----------------------Por el amor que se deriva a sí mismo,

---------------------------------------enloquecidamente, sin asidero

-------------------------------------neutro, hecho corona errante.

----------------------------De su fondo, la música, sin cómo,

------------------------------y del espacio húmedo, el respiradero

----------------------------------- en légamo, lo que se enciende

---------------------------------- junto, dentro, del rayo-fulgor.

XLIII

El cuerpo de eros, donde vamos

a beber de nuevo, nace de una sed

extraña, cada vez más íntima

a todo lo que se mueve. ¡Oh gozo

ensimismado! Diosa de mí,

ya de brazos enlazados,

duermes, y eso es todo.

XLIV

‒‒‒‒‒‒‒‒‒‒‒‒‒‒‒‒‒‒‒‒‒‒‒‒‒‒‒‒‒‒‒‒‒‒ Pupila de mí, su ofrenda es mía

‒‒‒‒‒‒‒‒‒‒‒‒‒‒‒‒‒‒‒‒‒‒‒‒‒‒‒cuando respira nocturnamente, y leo

‒‒‒‒‒‒‒‒‒‒‒‒‒‒‒‒‒‒‒‒‒‒ los emblemas de su cuerpo, boca arriba,

‒‒‒‒‒‒‒‒‒‒‒‒‒‒‒‒‒‒‒‒‒ otra vez contaminados por los acordes

‒‒‒‒‒‒‒‒‒‒‒‒‒‒‒‒‒‒‒‒‒‒‒‒‒exteriores. De ver, bebo lo que mana

‒‒‒‒‒‒‒‒‒‒‒‒‒‒‒‒‒‒‒‒‒‒‒ y no hiere: las sin palabras, el oleaje,

‒‒‒‒‒‒‒‒‒‒‒‒‒‒‒‒‒‒‒‒‒‒‒‒‒‒‒‒‒‒‒‒‒ los ruidos más amados.

XLV

--- Dios en la cópula exacta,

--- bajo la lluvia de sílabas

--- separadas, repetidas, que caen

--- hacia lo alto, o viceversa,

--- como metáfora grande, aproximado

--Dios a la corriente de los labios,

--- a través del barro que ilumina.

XLVI

La noche abierta se extrema,
dividida entre miradas desnudas
y palabras estrelladas, se deja caer
silenciosamente, a nuestro lado
más intermitente. Ahí, en su bóveda
sembrada, algo de su oscuridad
eterna nos ilumina para siempre.

XLVII

———————————————————Oh ronda de los motivos callados

—————————————————girando en lo más hondo de la tarde

———————————————————— donde se sumergen las sílabas

———————————————————mojadas en vino por un nombre.

————————————————————Oh domingo velado, ardiendo

———————————————————— sin razones aparentes. ¿Eso

———————————————————— que se mueve ahí es la ausencia?

XLVIII

--Mientras el viento crece, aguardo

--los ruidos prometidos por la hojarasca,

--el golpe del aire escrito en los cristales,

-- cuando los signos apagan el silencio

--de las palabras, hasta aumentar más

--la morada, la lejanía de los versos

--que claman. A este lado, el paisaje hiere.

XLIX

-------------------------------------- ¿Todo lo que no existe, también

----------------------------------- está dentro de la poesía? ¿Así es

----------------------------------- el interior del exterior? ¿Como todo

------------------------- lo que sucede y lo que no sucede juntos?

------------------------------------- ¿Qué nuevo relámpago sube, uno

---------------------------- y pródigo, tan parecido al día que soy

---------------------------- escrito en el remoto rostro del aire?

L

Hoy las distancias se rebajan
al suelo ileso para inscribirse.
Como un domingo sin medida
que se desprende de lo opaco,
hácense medulares los nombres,
lentes para ver el sol o la flecha
que va y vuelve a través del tiempo.

LI

—————————————————————————— Un paseo de azul sobre azul

———————————————————— arribando hasta los ojos (tan vestidos

———————————————————— de agua y aire). Las olas consonantes

—————————————————— consuelan nuestro pequeño infinito;

———————————————————————— hasta el color de la oscuridad

———————————————————— recién llegada es bienvenida. 18,30h

———————————————— p.m.: se llega a la suma de los instantes.

LII

El paisaje debe pasar a 120 kms.

por hora, como mínimo,

para que la memoria no recuerde

tanto a la mirada. Más o menos,

como sucede ahora a la poesía

divisada desde esta ventana.

La última palabra es un umbral.

LIII   (a José Ángel Cilleruelo)

---Primero las palabras no existen,

----------------------------------- son esculturas pequeñas, móviles

-----------------------------------que no se pueden tocar, células

----------------------------------- suspendidas en el aire de adentro.

--- Después la forma se anuncia

----------------------------- a los ojos más ciegos de tanto ver.

--------------------------- Los versos caen como otra respiración.

LIV (a Juanjo Ordóñez)

----------------------------Reducido a las ascuas de un naufragio

--el día quema sus primeras luces

--------------------------------con las últimas. Y la línea del destino

----------------------------continúa ardiendo allende las palabras.

---------------------- ¿Todo ha sucedido ya? ¿Estamos mirando

---------------------- o recordando? Otros nombres se avecinan

----------------mientras el aire, inseparable, reúne las cosas.

LV

————————————De noche, entre dos silencios cifrados,

————————————————algo así como dos mundos en liza,

————————————————el fantasma de la realidad aparece

————————————————————————aquí y allá, despierto

————————————————como un reflejo donde todo es piel,

————————————————————paredes, techo. No importa

————————————————————que el último motivo sea un ratón.

LVI   (a Amilcar)

--Toda cicatriz espera, imagino,

-- ahora que la tengo en la mano,

-------------------------------------- y no en la voz, que se junte el antes

------------------------------------- y el después: una escritura sola.

--El vidrio del mundo está olvidado,

--------------------no su ala recortada, por la oración que repite

------------------------------------- el nombre de los días anidados.

LVII   (a Waly Salomão, *in memoriam*)

--------------------------------No sin antes, reconoce de nuevo

----------------------------- el poso salomónico de la palabra – voz

-------------------------------sobre la noticia vana, hecha umbral

----------------------------de lunes, en desfiladero abierto. ¿Cómo

-------------------------------la muerte, cinco de mes vestida,

----------------------------- nace sólo para recordar órficamente

------------------------tu lindero y su afuera reñido de sombra?

LVIII   (Rio)

--- Sobre la piel adormecida

--- de la noche, las últimas luces

--- de las ventanas encendidas

---guiñan al fondo sus marcas

---de música visual, caras a una quieta

--- melancolía, tal vez sin código,

--- como un haiku de paz extraña.

LIX

------------------------------ A veces, la misma cantidad de ruido

------------------------------------ es casi perfecta para la felicidad.

------------------------------------ No hace falta peso, mover nada

-- de su lugar de ahora. Un hilo

------------------------------------ invisible recorre la casa, cosiendo

------------------------------ las estancias ocupadas por el aire

-------------------------- que se completa con nuestra presencia.

LX

--------------------------------- Para que la serpiente continúe

--- nombrando lo que vibra,

--- de la veladura de plata

------------------------------ de la luna, nace el oro del día,

------------------------------ y de sus remiendos ebrios de luz,

------------------------ iris mínimos, los anillos que se acogen

------------------------ a la sangre última del crepúsculo.

LXI

--Vacío guardado en el aire

--de todas las cosas, año tras año,

-----------------------------------vestido de color invisible, de 31.

----------------------------------La segunda parte de la historia

-------------------- es esta: vivir las imágenes que menguan,

----------------------------------- en la reserva de un momento

-------------------------------------que no quiere ser paisaje, último.

LXII (a Miguel Rio Branco)

---------------------------------------De la memoria, los relámpagos.

---Del viento, las sirenas.

---De los ojos, la dedicatoria.

---De la lluvia, la fe.

---De la soledad, los dones.

---Del silencio, los nombres.

--Así se cierra este inventario.

LXIII

Todas las distancias de su nombre
son mías, y ahora mucho más aquí.
Lo que reconozco en el viejo aire
son las medidas variables del amor
—ese todo y ningún lugar—.
El corazón está en la casa
de las palabras. Escrito, esperando.

LXIV

----------------------------Horacianamente, miro lo que las formas
--esconden. Lejos de mis dominios
----------------------------------- suelo ver la imagen sola, desnuda
----------------------------------de los pies, cual naturaleza muerta
--------------------------- invitada a insinuarse. Y ansío esta paz
--------------------------------------ahora, antes de que los huesos
--------------------------------- llamen a todo por su nombre.

LXV

--- Vestidos de nada y mientras,

-- respiramos lo no escrito. El cielo

------------------------------------- crece recortado por las palabras

------------------------------- y reduce el suelo del edén más viejo.

-------------------------- Al aire libre de la felicidad más nueva,

------------------------- que cae como un diapasón extraño,

------------------- se renuevan los colores del día y la noche.

LXVI

--En la misma piel que juntamos

--a casi todo, se escucha al viento

--llegar en voz baja, para decirnos

-- lo que medio sabemos, que somos

--cuerpos del mismo arco, nombres

-- de la misma fragua, lo que toca

--las cuerdas del aire con los labios.

LXVII

--En el eje grave del día, la mirada

--del mundo se hace pan, dios

-- abierto a las extremidades

-- del no tiempo. Para su danza

--y el suelo de mi movimiento,

---estas notas desveladas por todas

---las palabras que escuchan.

LXVIII

--- Los años cumplen su cometido

--- vano, recoger ascuas perdidas

--- en el espejo romo de cualquier

--- horizonte alado. Y en la divisa

--- propia de cuatro décadas más una,

--- al tiempo que era tenso se le llama

--- noble. A esta mirada siembra, siembra.

LXIX

---------------------------------A estas alturas, el gran invisible

--------------------azota los ventanales, rumorea en su lengua

----------------------------tanto lo que se aviva como el desdén.

----------------¿Acompañarlo será suficiente para su trama?

----------------------- Cada silbo es una frecuencia, y el legado

--------------------------------------- eco respirado. A estas horas,

----------------------------el viento ya ha pronunciado casi todo.

LXX

----------------------------Bajar el santo y seña, hasta los índices
---------------------------- pobres de las cosas, abiertos de par
------------------------ en par, como párpados. La enmarañada
----------------------------fluencia de lo que existe no pide más
-------------------- que el reconocimiento pagado del laberinto,
-------------------- de las formas como fruto, lo que se enfrenta
----------------------a la sordera, desde esta orilla de palabras.

II (Estaciones)

Dejad que el viento me traspase el cuerpo
y lo ilumine.

Claudio Rodríguez

HERACLITIANA

I   (a Juanjo A.M.)

------------------------------------La rueda del paisaje se acelera

----------------------------------aún más con nuestro paso a través:

--------------------------------cuanto más vueltas, más alrededor,

----------------------------más campo devanado, menos huellas.

--------------------------Y otra velocidad en contra recogemos

------------------------------en los ojos cambiantes del presente

----------------------------------- velado. ¡Ah corriente corriendo!

------------------------------------ En el fondo, el viaje es el mismo,

-----------------------------un refugio que se mueve, abrazado,

--------------------------- dilatándose, madeja de viento adentro,

------------------------------------ entre la persuasión y la retórica.

II

No cabe al aire preguntarse
por nosotros. A otra latitud
pertenecen los signos de fin
de año, con su melancolía
por inaugurar, donde lo más
sencillo arde ya a lo lejos.
Ese algo vacío en la sombra
del mundo, fuera de la página,
y que se acerca arrastrándose,
—canción de flor salvaje—
lo respiramos como un ritual.

III

Llueve, más cerca del temporal

que del sentimiento de culpa

del agua, o de su perdón

universal hecho pedazos

minúsculos. Quien pasea,

sabe, reconoce el ruido líquido

que hace el símbolo de Noé

en la uniformidad aparente

de las cosas mojadas. Llueve

toda la distancia de la lluvia

contra la gran costumbre, una luz

manchada, rehecha en su canto vertical.

IV

El tiempo se ocupa de nosotros,

como si fuésemos ajenos a su raíz

de viento, transparencias

que el aire lleva de un lugar

a otro sin mediar pregunta.

A cambio, nosotros ocupamos

su figura con paisajes de estaño,

objetos perdidos como fetiches

hechos para alumbrar, numerados

crepúsculos o meras señales.

Con el juego dividido –unas agujas

se enfrentan a las otras– el presente

se agolpa, compite con todo

lo que ya existe en el reino

milenario del día, cotidiana

estrategia donde la superficie

y el fondo intercambian

sus más viejas máscaras.

ALIANZAS

I

Como una forma de homenaje
casi instrumental, guardo los poemas
de otros para la caída de la tarde,
cuando la luz incide diagonalmente
sobre la página y deja el aire
más hechizado. La lectura continúa
así pidiendo alianza afectuosa
y cotidiana con lo que no tiene nombre,
materiales de todas clases, verbo
encarnado en verde, sonando a palabras
lloviendo sobre palabras.

II

El paseo de W.C. Williams

por la playa, en el autobús

de vuelta a casa, o su mera

compañía en la mesa

del restaurante, todo ese trajín

mella las puntas, los bordes

de las solapas negras,

donde se guardan 100 poemas

como una caja de caudales,

una poética coloreada y mutante

por el simple paisaje,

hecha para el transporte

del alma que se avecina

cuando el viento despliega

su conversación trémula.

III

Músicas dormidas al fondo
del corazón, lo suficiente
para no saber lo que escondían
debajo de su paisaje. Notas
envejecidas quizá, por instrumentos
que ya no existen, partituras
perdidas en el hueco de la escalera
del tiempo, que vuelven
sólo para certificar los pasos
del aire por las notas, la manera
inclinada de la melancolía hacerse
carne sonora, bajo huestes
de signos reconocidos.

IV

———————————————————————— Envío para Lu Menezes

————————————————— a vuelta de correo, este duermevela

——————————————————————de imágenes, cifrado el aire

—————————————————————de agradecimiento, como solo

————————————————— de música frente a la única pared

——————————————————— que contienen las palabras

———————————————————————que se vuelven verticales,

——————————————————rumores azules de una lluvia

——————————————————————escrita, al ras de la tinta

—————————————————————intermitente, compartida

———————————————————————————— luciérnaga.

UMBRALES

I

--Por la ventana abierta del cuarto

-----------------------de par en par y hacia el oeste, se recorta

--------------------------------el veterano estío de la naturaleza

--------------------------------------en su diversidad más verde.

---Son ramas de palmera

--------------------------------------y de otros árboles semejantes,

----------------------------contra un cielo azul aún reluciente,

--que comienza a apagarse

----------------------------en pequeñas dosis imperceptibles.

------------------------Cuanta menos luz, más movimiento,

--------------------------------más sonido es menos gravedad,

--------------------------ecuaciona la noche en su griego secreto.

------------------------Y de la vieja costumbre de los símbolos,

--------------------------------heredamos la opacidad, este reino

--------------------------------abrazado a la necesidad del viento

--------------------------ardiente, a los contornos coloridos

-----------------------------------de las cosas que nos miran.

II

De las pausas vivas del corazón
al sístole y diástole de todo
lo que se mueve, ninguna algarabía
se impone más que otra. Aparte
de nuestro ruido al cruzar
por las cosas, enumeramos
pasadizos, lluvias, oasis agrestes
más que necesarios, manchas
de luz llamadas a ser voces.
El lento pasado del paraíso
se reúne en la forma invisible
del viento mientras hablamos.
Mientras las palabras que llegan
a nuestra boca pasan veloces
a la maleza próxima, vespertina,
modulada en sonidos latentes.

(metro São Paulo, a Manuel da Costa Pinto)

¿Estoy mirando lo que no veo

o el destino que se mueve,

paralelo al sentido del metro

fraguado en un anuncio?

¿Debo al tránsito compartido

parte de un perfil? Las escaleras

para subir se inclinan a favor

de cualquier pensamiento.

¿Y si escogiese esta línea, estos pasos,

estaría a salvo? ¿Pero a salvo

de qué? Nada salva de nada.

Todo debe ser llevado de un lugar

a otro, como nuestra razón

de transporte, hasta llegar aquí,

al vano extintor de algunas palabras

construidas sin remedio.

AGUAFUERTES

I   (Madrid de marzo)

----------------------Más abajo de las lágrimas, está la muerte

----------------------------que no acostumbra a nada. Más abajo

--el terror, el aire que reúne todo,

------------------------------------lo que no tiene nombre todavía,

--------------------------------- lo que nuestras palabras mendigan.

----------------------------Más abajo de los lamentos, los vientos,

-------------------------------------más abajo del horror, la respiración

--------------------------------------- cortada, y el hierro y la fiebre,

-----------------------------------y la cordura y la materia de la locura

------------------------------------ en su final de azogue. Más abajo,

-------------------------------------está la sangre de la tierra, la vieja

-- residencia herida. Más abajo

------------------------------------de Madrid está el mundo gritado.

II

El vino abre a su modo la cordura

para lo perdido, sin costumbre

de nada. Y de ajena porosidad

nuestra se hace dios necesitado

de adoración propia y variaciones.

Nada se pierde –dice una voz

amiga de rubí y oro– y el espesor

del mundo sabe a nudo desatado

según los labios. Así el vino

remeda este reino de otros sortilegios

menos vanos, y todo se presenta

equilibrado, sin mayor engaño,

ante la boca echada a su suerte.

SILENCIARIO

I   (a Marga Azcárate)

---Ese silencio abierto de par

---en par como una fruta madura

---siempre escucha nuestros ruidos,

---la manera como pernoctamos

---nuestra sangre, a cambio

---de otros favores más antiguos.

---Oye como el interior se vacía:

---hay una sinfonía callada

-- en el pie de cada imagen

--- y todo revolotea sin sonido

--aparente. Oye. Oye, como

---su rumor se hereda lentamente.

II

El silencio de la heredad
llega hasta aquí, a este momento
de carne y hueso que se deshace
en pedazos de aire, sin ruido
más ajeno. Las olas invisibles
llegan a saber —en jeroglíficos
primitivos aún sin lengua—,
donde se rompe nuestro sueño
entrando en la noche del mar
que sube y baja al compás
de la respiración.

III

Entre un silencio y otro, ruedan
abismos hermanos abriendo
la mano del tiempo que huye
de sí mismo. Cada sonido batido
desarma y construye a la vez
la ronda de arena nuestra
convertida en pulso, en vena.
La sangre de los segundos
está cifrada de adiós y fiebre,
contemplación y viento. Entre
un ruido y otro, nuestro silencio
mayor, a corazón y compás,
se une a la vieja rueda de las cosas
imantadas, sin número.

IV

———————————————————————————— Aquí, aquiétate aquí,

——————————————————————————silencio vasto de familiares

—————————————————————fuentes. Sé de ti poco, o menos

——————————————————————— aún, lo que me escondes

—————————————————————— como un alrededor. Arrima

————————————————————— entonces mi flecha sin aire

—————————————————————— y no respondas. Rayada

—————————————————————de ignorancia está mi mano

———————————————————que quiere crecer lentamente

——————————————————en la ciudad de las preguntas.

——————————————————— Los perros de la memoria ladran.

—————————————————— La luz duele a la moda antigua

——————————————————pero este hueco sabe a una fe

————————————————————— desconocida, sin precio.

————————————————————— Vale el eco entreabierto.

ÍNDICE

I (Diario de viento)

II (Estaciones)

Nota documental

Algunos poemas dispersos fueron publicados en algunos lugares:

En versión en portugués: Enquanto passa o vento (*El día se disfraza de días, para ocupar*; *No es el corazón lo que duele*; *El nombre de la vida es fiera*; *Es en el otro extremo de la risa*) y también, ya bilingue, *Madrid de marzo*, Folha de São Paulo (Suplemento Mais, 1/10/2002 y 21/3/2004, respectivamente);

Madrid de marzo también salió, original español/castellano, en la antología *Poemas contra el olvido* (Bartleby editores, Madrid, 2004).

Cuando las sombras hablan, la luz apareció en el catálogo de Regina Silveira, *Claraluz*, (Centro Cultural Banco do Brasil, São Paulo, 2003), en el *site* de la artista https://reginasilveira.com (actualizado 15/12/2023), y en el libro de mi autoría, *El otro lado de la imagen y otros textos* / La poética de Regina Silveira, (Edusp, São Paulo, 2012).

El poema, *Dice lo que no piensa la sombra*, en original español/castellano, en El País, (Suplemento Babelia, 19/06/2004).

Siempre después de la música, fue incluido en el encarte discográfico de Blas Rivera - *Quartet* (Cia. Danza y movimiento, 1997).

Ya los poemas: *Nada que se parezca con nada, Son pequeños ruidos de sables* y *La música vuelve, pero el sonido*, debidamente traducidos al portugués, en http://asescolhasafectivas.blogspot.com (as escolhas afetivas, postado 22/7/2007/actualizado 15/12/2023).

Tres agradecimentos especiales acompañan el surco último de este libro: gracias a Juan José Ordóñez, por su rescate lírico e interlocución, a Francisco Márquez (Ondina Ediciones), por la bienaventurada acogida editorial y a Celina A. Neves, por el esmerado cuidado gráfico de la edición.

MIENTRAS EL VIENTO: Notas a pie de lectura

"El día se disfraza de días" para ser más día y la poesía se disfraza de crónica para ser más honda, más poesía, más intensa. Así como el día permanece en los ecos de su luz a pesar del disfraz, los poemas de *Mientras el viento* impactan directamente en el tálamo de nuestra sensibilidad haciéndonos soñar con ese viento que "cual reino de fábula para mendigos" palpitará en nuestros oídos, atizando "los cristales húmedos de memoria" y resecos de olvido a través de una contenida melodía y un rosario deslumbrante de significados prodigiosos.

Nuestra soledad, zarandeada por las inclemencias de una realidad insultante, encuentra en estos poemas el paisaje apropiado para que las palabras brillen en él como símbolos de un nombrar que, lejos de rutinas, de modas, de corrientes, viene a depositar en nuestras retinas la sigilosa belleza que hace "temblar los ojos", nuestro leer, el alma. Una belleza que, a modo de incienso hechizado, se desprende sin pausa a lo largo de la lectura de unos versos que más que decir nos hacen soñar, disfrutar, extasiarnos.

Hay también amplias dosis de afecto cotidiano en estos poemas. Ese querer paciente, "ensimismado", desnudo, que el autor va depositando en los objetos, en los instantes, en los recuerdos de esa realidad palpitante que la memoria nos va acercando en sus palabras; ese querer va impregnando el momento en el que sucede la lectura, hasta el punto de que lector y autor acaban siendo abrazo, privilegiado refugio compartido, orillas de ese mar fraternal que nos une en la misericordiosa emoción de las palabras.

A través de un estilo personal muy depurado, Adolfo Montejo Navas hace, una vez más, malabarismos con los poliédricos significados de las palabras. Sus poemas te atrapan desde el primer verso y te transportan de la mano de ese hilvanar tan fino, tan sutil, a través de una montaña rusa de emociones, en la que sobresalen esos portentosos finales ("los anillos que se acogen / a la sangre última del crepúsculo" /// "o la flecha / que va y vuelve a través del tiempo" /// "A estas horas, / el viento ya ha pronunciado casi todo"), de los que es imposible desprenderse y que te obligan a hacer un alto en el camino después de haber experimentado una sacudida poética singular, irrepetible, para así, con los ojos cerrados para poder ver más allá, saborear, con la quietud y la pauta que la ocasión requiere, los ecos de esa música mágica que aún resuena en tus oídos a lo lejos "modulada en sonidos latentes".

Juanjo Ordóñez (enero/2024)

Mientras el viento (2001-2004)